飞翔的乐章
SOARING THROUGH POETRY

邓 丽
Li Haining

Soaring Through Poetry
Author: Li Haining
Cover photo: Breck Haining
Language: Chinese
Publisher: Chicago Academic Press, June 8, 2024
ISBN 979-8-3302-0737-4

飞翔的乐章
作　　者　邓丽
封面照片　汉宁•布雷克
语　　言　中文
出　版　社　芝加哥学术出版社 2024 年 6 月 8 日
书　　号　979-8-3302-0737-4

Publishing	Chicago Academic Press
	Chicago Illinois
E-mail	contact@chicagoacademicpress.com
Website	http://chicagoacademicpress.com/

Book Size　6X9 inches
First Edition June 8, 2024

All rights reserved. No part of this publication may be reproduced, stored in a retrieval system or transmitted, in any form or by any means without prior written permission from the publisher, except for the inclusion of brief quotations in a review.

序《飞翔的乐章》
冰花

我和邓丽相识是因她作为《诗人地理周刊》海外主编向我约稿；和她熟悉起来是因她以美国西北华文笔会副会长身份邀我做新诗讲座。和邓丽接触中，她的柔声细语、她的友善温暖、她的细腻周到、她的善解人意、她的彬彬有礼，都给我留下了深刻的印象。在她身上，我看到了有精神信仰的人，内心的平静与特有的大爱情怀。

得知邓丽要出诗集了，我从心底里为她感到高兴。她诚恳地希望我能为她要出版的诗集《飞翔的乐章》写序，虽然此时正值美国税季，我工作特别忙累，但我还是答应了。

读邓丽的诗、我读出了她做为游子域外的孤独感和浓浓的乡愁。

如：
莫非你来
为拾取孤独的灵魂
绽放故乡的美丽
点亮原本暗淡的
乡愁的诗篇

——《新邻鸳鸯》

诗人看见美丽的鸳鸯，触景生情，自然回想起故乡的美丽。

再如：
流离失所的苍茫何以慰藉
头枕月光的宁静遐思
嫦娥夜夜千里来入梦
团聚的信念愈发生辉
与善良的族裔并肩开垦
广袤的土地收获了葱茏的自由
异乡的夜空闪烁起团圆的灯火

——-《从七彩雉看我们的前世今生》

思念故乡，"嫦娥夜夜千里来入梦"，心中的白月光，梦中的"嫦娥漂洋过海来入梦。"异乡的夜空闪烁起团圆的灯火"，那是诗人在异乡，渴望回故乡团聚。

又如：
异乡的春节
令刀叉垂涎的
色香味俱全
可以看起来红红火火
舌却要找寻温情的滋味
耳在思念亲切的乡音

轻轻地触摸屏幕那端

II

花白的头发额上的纹
　　给二老拜年
　　千言万语化作两声恳求
　　珍重，珍重
　　等儿回家陪你们过年

　　——《异乡的春节》

在大疫年的煎熬中，想回家与年迈的父母过个团圆年却成了难上加难的奢望。

　　邓丽诗句中流露出来的游子在异乡的孤独和乡愁，让我感受身同，有深深地共鸣。她的孤独是坚韧的，她的乡愁沾着浓浓的赤子亲情。

　　读邓丽的诗，我也读出了她做为游子域外生活的淡定、从容和和灵魂自由。

　　如：
　　我从湖畔走过
　　眼中满了祥和
　　野鸭成群在湖深处逐波
　　雁儿一家在浅水中嬉戏
　　乌龟母子在阳光下安静地叠着罗汉

　　如此良辰美景
　　原来一直等候着
　　悦己者从容的脚步

来放飞他灵性的自由

——《三月湖畔行》

很喜欢"乌龟母子在阳光下安静地叠着罗汉"这句,让西方的美景有了东方的禅意。乌龟母子变成叠着的罗汉,与湖畔美景并无违和感,反而写出的鲜明的个性与新意。

"悦己者从容的脚步/来放飞他灵性的自由",悦己者,也悦人。如果世界人人彼此相悦、处处充满这样的祥和该多好!

读邓丽的诗,我读到了她对生活的热爱和对大自然的挚爱。

如:
西雅图的海和蔼可亲
跟太平洋同个脾肺
西雅图的水甘甜纯净
与大雪山的心肺相通

西雅图的雨轻柔缠绵
跟青翠的草木谈情说爱
西雅图的鸟善舞爱鸣
叫静美的山水动画起来

——《山水卷》

西雅图的海、西雅图的山，在邓丽的诗中有着天人合一的境界。

总之，邓丽的诗语情景交融，情感细腻柔软，给阅者带来美的精神沐浴。她的诗不是震耳欲聋的交响乐，而是恬静的，如飞翔在山水之间的轻音乐，这轻音乐会给你带来惬意和轻松。

言为心声，诗如其人，人也如其诗。她的诗细腻、清新、温润，如春雨润物无声。她的诗透着平和、温暖、乐观和随遇而安的生活状态。

邓丽的诗灵感来源于大自然，又回归到大自然，彰显出诗人内心的天人合一的精神风貌。

读邓丽的诗，会让你的心情愉悦，令你情不自禁地愿意和她一起去看花开、听流水，与她一起仰望天空，看鸟儿在蓝天白云间飞翔！

匆忙执笔，谨为序。

冰花，美籍华裔著名诗人，著有 February's Rose、《冰花诗选》《溪水边的玫瑰》等诗集 5 部。多次获国际诗歌大赛金奖，被誉为"情诗皇后"，其诗被称为"冰花体"，其诗歌的影响力被称为"冰花现象"。

引言
邓丽

自从我三年前步入胸前挂着望远镜的鸟迷行列，美丽的鸟儿就开始盘旋在我的脑海，呼之即出，飞至笔端，鸣出诗句。

鸟儿成为我观察和书写的对象，也成为我的思想向天空飞去的翅膀。鸟儿打开了我的感官，放飞了我的心灵；是我的起笔，也是我深至灵魂的倾诉；是我的情趣，也是我的意象。每种鸟儿都以其独特的声音和色彩予我某种启迪。

正如我在《观鸟者的幸福》一诗中写到：

栖息在我眼瞳中的鸟儿
聚焦着我的惊叹
扩充了我的情怀
比现实更加丰盈

飞翔在我脑海里的鸟儿
扇动着我的呼吸
斑斓了我的诗行
比现实更加美丽。

我和诗歌本来就有些渊源，追溯到大学时代，复旦校园里诗意盎然，我捧诗吟读的同时喜欢信手涂笔。可惜热度未能持久，从小对语言和文字敏觉的我，后来移情英文和日文，走上了出国留学之路。接着忙于成家立业、养儿育女。生活安稳后忽忆少年文学梦，二十多年前开始写随笔和散文，陆陆续续发表在国内外报刊杂志上。

如今以观鸟的"诗眼"去捕捉自然界和生活中的美好，且日日身处东西方文化交融之中，令我灵感源源不断，作品接连发表在各类纸刊和网络平台上，有的获奖，有的被收入诗集。文友们鼓励我出诗集，于是我选出三年来创作的约180首诗歌。也许因着音乐是我灵命的重要养分，这些诗歌自然而然地在我脑海里形成乐章，孕育出诗集《飞翔的乐章》，百鸟交响乐、时令进行曲、爱之柔板、东方琴瑟、旅之行吟、西雅图小夜曲、日月星辰组曲和短歌余韵，八音迭奏。

在此诚挚地感谢冰花姐在百忙之中为我写了温暖如春的序言，也非常感谢刘荒田老师、郑南川老师和心漫老师热情洋溢的推荐篇，使我倍感亲切，也备受鼓舞。他们笔下之真情、对诗歌的见解之精辟，以及文字之美，是读来令人获益匪浅的大家风范。我还特别感谢我的先生，他对大自然和鸟儿的热爱深深感染了我，他一张张精美的摄影作品激发出我的许多灵感，我的每一首关于鸟儿的"肖像诗"几乎都可以对应他镜头下的一个个"模特儿"，可谓摄影和诗歌两种艺术交融的火花。

一首歌可以唱出多个版本，一首诗也可以读出多种情感，写诗也如烹调文字，由读者调味，以人生之酸甜苦辣。愿我的鸟儿扇起你的悸动，愿我的旋律伴你诗意地安居。

目录

序《飞翔的乐章》(冰花)   I
引言 (邓丽)   VI

I 百鸟交响乐   1

鹰之史话   2
新邻鸳鸯   5
从七彩雉看我们的前世今生   7
欧椋鸟的家史   9
啄木鸟的叩击   10
奇遇白鹭   11
古今中外戴胜鸟   12
逐日者红尾鵟   13
夜的王者横斑林鸮   14
红嘴巨鸥与白羽灵感   15
蓝嘴鸭之帆   16
红翅黑鹂法官   17
雪鸮的笑容   18
蜂鸟三咏   19
冬日的歌手戴菊   20
时尚达人雪松太平鸟   21
葵花精灵金翅雀   22
三只眼看蓝松鸦   23
晨的情郎紫绿树燕   24
歌手沼泽鹪鹩   25

i

林鸳鸯之喜	26
沉思者穴鸮	27
加拿大鹅与魔力	28
雏燕全家福	29
信使	30
第五日的奥秘	31
两台戏	32
清晨的天籁	33
寒冬之友	34
秋之韵律	35
观鸟者的幸福	36
观鸟者自画像	37
观鸟导游黛比	38
湿地桃花源之歌	40
鸟儿的报答	42
人类的音乐算不算一种鸟鸣	43
少年鹰与父亲	44
小雪雁与母亲	45
歌雀	47
乌鸦	48
知更鸟	49
大蓝鹭	50
鹦鹉品花	
	51

II 时令进行曲　　53

一月雪之声	54
三月湖畔行	55
四月林间行	56

春天的港湾	57
赏樱	58
郁金香物语	60
致语青春	61
长椅之邀	62
复活的昭示	64
五月的色彩	65
走入初夏的峡谷	67
夏日的三个情郎	68
蓝莓	69
龙眼	70
夏的甘霖	71
翠颜知音	72
初秋	73
秋分的田野	74
不必悲秋	75
迷失的尖尾鹬	76
孩童的雪	77
冬至的山谷	78
奇妙的诞生	79
礼物	80
星辰作证	81
圣诞，冬日的太阳	82
圣诞鹤羽	83
除夕寒英	84
鸟儿的节日	
	85
III 爱之柔板	87

葵的情歌	88
中西合璧之旋律	89
比翼鸟	90
假如我是一只小船	91
走上红毯	92
中年的爱情	93
疫中相濡以沫	94
永远的新妇	95
幸福的夕阳	96
执子之手	97
鹰和燕的爱情	98
不败岁月之恋	99
合欢树	100
雪与新冠	101
最最柔软的远方	102
五月的诗行	104
游子的心愿	105
喝着友谊的早茶	107
致宅家的少年们	108
同窗情	109
杰作	110
致敬一位绝症患者	111
瞬间与永恒	113
激情的漂流瓶	114
致读者	
	115

IV 东方琴瑟   117

汉字咏	118

东方牧歌	119
当情人卡遇见红包	121
异乡的春节	122
过年	123
包饺子,童年的大戏	124
星奶奶的故事	126
七夕	127
鹊桥	128
端午节	129
皓月	130
月饼	131
柚子	132
天地的善良	133
跟着我漂泊的汉字	134
播种汉字	141
奇特的叶子	143
魔方	144
现代乡愁之味	146
双重祝福	148
《大地之歌》弦外音	150

V 旅之行吟　　151

护照	152
行李	153
清迈剪影	154
微笑的国度	155
盛夏象园情	156
夜市与寺庙	157

难民村 158
边界 159
缅甸的孤儿 160
致大卫校长 161
东京夏姿 162
访角川武藏博物馆 163
张家界探谜 164
时差 166
两座绿城 167
鼓浪屿交响诗 168
彩虹下凡 169
风之电话
 170

VI 西雅图小夜曲 173

西雅图山水画卷 174
普捷湾 175
西城之雨 176
雷尼尔雪山 177
中央图书馆 178
寂寞或不甘寂寞的冬天 179
住入淅淅沥沥的旋律 181
咖啡艺术 182
半城柔情 183
玻璃博物馆 184
艺术家奇胡利
 185

VII 日月星辰组曲 187

宇宙巨树	188
天河	188
黑洞之瞳	188
太阳	189
地球	189
火星	189
木星	190
土星	190
水星	190
金星	191
极光	191
星婴	192
星兽	192
韦伯望远镜	193
宇宙列车	194

VIII 短歌余韵　195

光	196
尘土	196
诗人	196
彩虹	197
战争	197
魔诗	197
魔网	198
魔镜魔镜	198
深雪	198
细雪	199
大地	199

天空	199
田野	200
女人的眼	200
手机	200
口罩	201
棉签	201
泰戈尔的鸟儿	201
AI 断想	202
穿越	203

邓丽诗集《飞翔的乐章》推荐语 (刘荒田)	a
做读写天空的诗人（郑南川）	b
读邓丽诗集《飞翔的乐章》有感（心漫）	f

I

百鸟交响乐

鹰之史话

1

大风起
百鸟静
却有黑白闪电啄破云
风愈猛
影愈高

2

如此高贵的飞翔
与觅食无关
奥杜邦先生目睹
不禁惊呼于密西西比河畔
亲爱的鸟类朋友们
今日幸会你们的华盛顿统帅

3

那托举着自由的双翼
全然摆脱地的束缚
令教堂里祈祷的少年安德鲁
窥视到翱翔的天机
梦想长出了翅膀
飞艇的雏形由此启航

4

老鹰成功着陆
曾经的鹰童军阿姆斯特朗
迈出一小步的瞬间
亿万双好奇的眼瞳深深地关注
跟着迈出了一大步
探得宇宙的一丝奥秘

5

仰慕鹰的英勇无畏
里根总统白宫宣言
获得上天奖赏
双份的勇气和乐观
及一份星际计划
开创了山巅之城的时代

6

请君背书硬币上
衔来天之祝福
战争与动乱的汹涌气流
石油与金融的滔天海啸
美元果然安然度过
并且展翅上腾

7

内心饲养着老鹰
生命绽放自由的风采
先知以赛亚预言的一群人
就活跃我身旁
谦卑地向众人展示着
灵魂的高度

新邻鸳鸯

你静静地徜徉在邻近湖畔
西人雀跃地奔走相告
绝美珍鸟,异国情调
我却在悲凉的水雾中
望见一朵梦中开过的浪花

何以流落他乡
怎无你的鸯儿伴
是迷路在迁徙的途中
还是逃离了收藏者的囚禁

那满身绚丽的彩纹
分明是故乡山川的容颜
那玲珑剔透的灵气
舒展着诗卷丹青的旖旎

穿越时空的精灵啊
飘入了花蕊夫人的香笺
飞出了白石山人的墨宝
衔来洞房花烛的情意
啼出花好月圆的祥瑞

知你前世
却不明你今生
萍水相逢
却一见如故人
隐秘的激动
温暖的心酸

莫非你来
为拾取孤独的灵魂
绽放故乡的美丽
点亮原本暗淡的
乡愁的诗篇

从七彩雉看我们的前世今生

象征吉祥的子民
覆羽江南的水乡
飞越长城的烽台
飘逸着锦云的诗意
却有一日被飘洋过海
成为狩猎者枪口的目标
只因一身东方釉彩的华羽

流离失所的苍茫何以慰藉
头枕月光的宁静遐思
嫦娥夜夜千里来入梦
团聚的信念愈发生辉
与善良的族裔并肩开垦
广袤的土地收获了葱茏的自由
异乡的夜空闪烁起团圆的灯火

百余年来的勤劳绵绵不息
庚子年的天空突起飒飒阴风
更有恶者的毒箭伺机射来
沉默是金被视为懦弱
腾空而逃亦自身难保
高声切切地唤醒同伴吧
集每一根羽毛之力
坚强的柔软的
斑斓的平淡的
以凝红的冠照亮阴暗
让尖硬的喙啄破乌云

当星辰之下的良知都同心祈祷
当漫山遍野的情谊都携手乘杯
今不再昨,绝景可待
那云开雾散的皓月晴空

欧椋鸟的家史

曾飞在莎士比亚的舞台
星光点点的戏装
散发着丝丝古典的气息

曾立在莫扎特的肩头
鸣啭莺莺的歌喉
唱出大师心底的旋律

同为新大陆的移民
黑羽令我倍感亲切
随遇而安地群居
勤勤恳恳的益鸟
我们貌不惊人
却都拥有传奇的祖先

啄木鸟的叩击

步入早春的树林
传来咚咚咚之声
沉着有力而坚定
分明是大地的心跳
为生灵输送春天的血液

不正是它
敲响了贝多芬的命运之门
我的脉搏
兴奋地共鸣起来

奇遇白鹭

高洁的白鹭
凝寂在荒野
你可来自山的那边
一身白羽如同西岭千秋雪染
一副孤傲恰似雪衣公子

这方草长碧湖的栖地
莫非你跋涉中家乡的影子
正如我漂泊中的这片苍翠
且当山那边故乡的风景

古今中外戴胜鸟

一只长尾大蝴蝶
俏立眼前,似曾相识
莫非司马光的田间飞来
头戴华胜的佳人
亦或为所罗门王遮荫
受封金冠的羽民

它仿佛读出了我的心思
骄傲地摇了摇
那印第安人的头饰
翩然跳起了披风舞

*披风舞:亚卡马人模仿蝴蝶破茧而出的过程,女孩被装扮得如同美丽的蝴蝶。

逐日者红尾鹩

尽情地翱翔
向着光明展翅
不为肚腹之欲
不为高位之争
只为呼应天空的召唤

在湛蓝的自由里
灰喙亲吻祥和
红尾浸染灿烂
渺小的身影愈发高贵
如同一颗飘升的灵魂

夜的王者横斑林鸮

华美的斗篷
雍容的围脖
衬托出王者的高贵
心型的脸庞
灰白的毛发
显露出仁慈的面容

两只洞察黑暗的眼
闪烁雅典娜的智慧
一双背负夜色的翼
悄无声息地巡绕领空
让黑夜保持寂静的安宁

红嘴巨鸥与白羽灵感

一颗精灵忽闪
雪羽戏水
红唇飞扬
冰清玉影
波光里摇曳
令碧湖笑意涟涟

一道灵光乍现
白羽倏忽
锦心绣腹
文情字海
荡漾起漪澜
叫诗兴鸣啼啾啾

蓝嘴鸭之帆

红衣黑帽白脸颊
悠然碧水间
高翘的尾羽如竞渡的帆
纵使有飞天的双翼
也不愿离开挚爱的家园
只留下喙的天蓝

那是吻过晴空的痕迹
一阙刻骨的铭记
足以慰藉余生所有的梦想

红翅黑鹂法官

香蒲花顶放歌的身姿
湿地里最亮丽的风景
黑袍上的红肩章
昭示法官的职守
高亢的啼鸣
俨然响亮的判决

若无法则
暗流涌动的污泥之地
何来生机盎然的祥和

雪鸮的笑容

出自冰雪的纯洁
带来天使的问候
虽经极地的严寒
跋涉的艰辛
依然绽放一张欢欣
且可以传染的笑容

令我想起一颗有趣的灵魂
饱经沧桑的赤子
依然怀揣一朵活泼
且可以转发的盼望

蜂鸟三咏

1

尖尖的喙吸足了花蜜
心醉迷离
轻轻的翅快活地劲舞
微风中花儿颔首
欣赏这份感激的礼赞

2

鲜花吻过的喉
盛开出层层叠叠的花瓣
阳光下流金溢彩
完成了花儿飞翔的心愿

3

天空中自由的灵魂
枝桠上翘首的斑斓
是长出翅膀的花朵
抑或生就花容的鸟儿

冬日的歌手戴菊

光秃的树枝间
跳动着一团团橄榄绿
仿佛嫩芽们的啦啦队
吸引路过的我
驻足静听
加油,冲破寒冬
春天就在前方

时尚达人雪松太平鸟

林中的绅士淑女
总是微声细语
衣冠楚楚
一身挺秀
双双对对皆是情人同装
随时都有爱宴可赴

即使风雨袭来
只是一同平静地竖起
柔软的羽冠
人间的眷侣情深
也莫过于此

葵花精灵金翅雀

用金灿灿的花瓣
做一身黄橙橙的帅装
田野中成双结对
劳苦觅食中
不忘追逐浪漫
同嗑一盘瓜籽儿

它们的同类
法布修斯油画里的家伙
备受欧人之宠爱
衣食无忧
却一脸忧郁的神色

三只眼看蓝松鸦

在马克吐温的笔下
品行欠佳
又偷又抢
像个前国会议员

在我的眼里
美羽蓝得那么深邃
头冠耸得那么软萌
喜怒之眉眼无不惹人怜爱

在棒球队的赛场上
吉祥的化身
让小小的棒球生翅
飞得又高又远

*一只加拿大棒球队以此鸟为名

晨的情郎紫绿树燕

当星星还在眨眼的时候
你鸣起浪漫的情歌
让将尽之黑夜
消融在紫绿的披风里
为她迎来新鲜的早晨
同饮第一滴露珠
同浴第一缕曙光

歌手沼泽鹪鹩

如此歌声
仿佛从湿地的心脏飞出
低沉的颤音是脉搏的跳动
高扬的振铃声是欢乐的音符
余音袅袅,不绝如缕

如此天赋
却害羞地躲在草丛里演唱
毛线团一般的小灰灰
热唱中披露着一个秘密
整个湿地都是你的共鸣腔

林鸳鸯之喜

天空的彩虹下凡
亲手为你装扮
将礼帽染上墨绿
雪领下抹撒喜庆之红
余下的色彩慷慨遍洒在羽间

一身英姿勃发
去迎接你的新娘吧
这爱的季节里
连秋水都目眩了

沉思者穴鸮

伫立在草丛
眼中闪烁秋的金黄
附近的河水哗哗地流淌
小鸟们鸣叫着忙择枝
树叶也都不安分地漫舞空中

一群摄影者和长镜头
对着你静静地伸展脖子
此刻唯一让秋天安静的生灵
你在沉思什么

加拿大鹅与魔力

走起路来摇摇摆摆
一只肥胖笨拙的鹅
扑入水中却轻盈如舟
飞向长空又灵巧似燕
嘎嘎的欢叫声泄露秘诀

全然信任
那神奇无影的浮力
纵身跃入
生命于是海阔天空

丑小鸭儿
不必自惭形秽
去寻觅属于你的魔力吧
依赖那看不见的
引你飞向真切的梦境

雏燕全家福

亲密无间地彼此相爱
眼神都那么清澈
气韵都那么活泼
连阳光都忍不住为守护童真
绽放雀跃的光芒

一条柔软的花枝微颤着
两只温馨的担当
一条舒展的轴线摇曳着
两只铭心的牵挂

不是所有的手足都亲厚和睦
不是所有的日子都天真烂漫
让翱翔蓝天的野心等一等吧
且珍惜羽翼未丰的偎依时光

信使

一场突如其来的疫情
搅得人间惶惶乱了节奏
戴上口罩,迈着焦躁
鸟儿们却依旧从容
衔着春秋,展翅悠悠

看那缤纷的毛羽飘逸风中
哪场时装秀的创意
比得过一只鸳鸯彩绘的诗意
听那天籁之音缭绕林梢
哪场音乐会的情调
比得过千里莺啼场景的奇妙

莫非它们都是他的信使
以翩跹的舞姿,欢悦的歌声
来唤醒沉睡的灵魂
将迷途的眼目转向天际
慌乱的心方能透视
乌云密布之上
阳光的慈爱

第五日的奥秘

"要有雀鸟
飞在地面以上
天空之中"
一个声音回荡诸天
欢愉的啁啾于是响起
迎来第五日之晨与夜

御风的翅膀
奇妙的翱翔
凤翎之形象
莫非来自天使
以昭示第六日的造物
纵然生于尘土
心灵亦可远飏

两台戏

鸟儿翩跹空中
鸣叫着自由
不知人类是观众

我们蹒跚世间
叹息着劳苦
不知天使是观众

清晨的天籁

窗外之雀殷勤破晓
仿佛为蓝天报幕
恳请太阳登场
树枝吹起长笛
绿叶拨弦伴奏
小草低吟
露珠共鸣

一串鸟鸣飞入
我梦里梦外之耳
晨光触摸着我的眼帘
觉醒的灵魂感受
来自他的一瞥
纯净透明
清凉柔和

新鲜的一天
带着他惠顾的暗香
欣欣然张开了眼睛

寒冬之友

每当遇到一位新友
水面的草里的
树梢的空中的
我请它互换名片
衔去我的微笑或微歌
留下一阙仙乐
或是一翩羽舞

寒冬中有朋自远方来
奔跑马拉松的天鹅
吹来西伯利亚的号角
我不亦乐乎
哼起这欢欣的小曲
仿佛自己也飞越了严寒

秋之韵律

大雁表演花样飞行
一队队滑过蓝天
一朵朵白云颔首注目

乌鸦们翻滚空中
在疾风中苦练
一套套杂技本领

翠鸟冥想枝头
突然爆发欢笑
对着水中鱼儿的游影

大蓝鹭瑜伽湖畔
安抚着秋水
以它专注的眼神

鸬鹚展翅桩上
带领苍生举目
献上感恩的祈祷

观鸟者的幸福

栖息在我眼瞳中的鸟儿
聚焦着我的惊叹
扩充了我的情怀
比现实更加丰盈

飞翔在我脑海里的鸟儿
扇动着我的呼吸
斑斓了我的诗行
比现实更加美丽

观鸟者自画像

举起窥箭
眼瞳生出双翼
拍翅鸟儿的天空

颈脖长伸
愈来愈像白鹭
无限耐心等待目标

目光警觉
愈来愈像老鹰
锐利捕捉林中踪影

散发风中
愈来愈像翠鸟
任凭风雨吹造形象

哼唱小曲
愈来愈像歌雀
日日抒怀新鲜的情歌

观鸟导游黛比

她对猛禽独有情钟
惊心动魄的往事说起来云淡清风
比如五十年前的一双玉臂
立着一只救护中的金雕
突有利爪刺入肌肤
出现在右臂下方
双方保持站姿许久许久
直到兽医朋友碰巧来访
给了金雕一针昏迷药

莫非鹰的特性从此进入她的血脉
风雨中金发飘扬如飞羽
荒野里步伐矫健若生风

她举着伤痕累累的手臂
对着辽阔的峡谷指点江山
三只红头美洲鹫
果然御风而来
仿佛听到她的召唤

深藏在林间的库伯鸷巢
如何逃得过她的鹰眼
双手鹰爪般的利落
架起观瞄镜
迅速锁定目标
引领我们窥视自然之奥秘

小溪畔百鸟大合唱
她竟然听出一只黄胸即鸟
咯咯嘻笑接着声声口哨
仰着明黄的喉百啭千声
她也向着天空笑声朗朗

我分明看到一只奇异的鸟
如金雕展翅翱翔自由
若即鸟放声歌唱生命
峡谷挚爱的女儿啊
愿岁月于你永不枯朽

湿地桃花源之歌

一双疲惫的眼
开启寻觅之旅
一条蜿蜒的小径
通向那片传说中的青草地
绿野舞台跃入眼帘
天籁之音纷纷登场

一只热情的歌雀跳到上高枝欢唱
水畔的红翅黑鹂们响亮地迎宾
一身笔挺的太平鸟矜持地啁啾
几只害羞的沼泽鹪鹩躲在香蒲草里放歌
更多不知名的啼啭在绿荫中此起彼伏

池塘这头大蒲鸭挺胸领舞碧水间
身后紧跟着七只软萌的毛茸
小小鸭掌旁鱼翔浅底
其中数条追随队列伴舞

池塘那头一只蓝鹭立如雕像
优美的弧线凝固时空
仿佛爱恋倒影的纳西瑟斯
实为耐心等待美食出现

一群燕子轻快飞来
叽叽喳喳地清扫天空
不待我认清羽红毛绿

又持剪追逐昆虫而去

萋萋绿草滤出的空气如此清新
敏感的神经不由打了个喷嚏
惊飞黄花丛中一只乳白菜粉蝶
想起蝴蝶效应可能引起的风暴
我连忙捏住鼻子自律
却见池中初绽的夏荷抿嘴
一朵洁白的微笑镇定住激动的鼻翼

轻轻的脚步,深深的陶醉
鸟儿的极乐园,我的桃花源
澄净我双眼的尘埃
举目丰美的水草在吸收燥热
低眉涌动的暗流在洗涤污秽
每一片细小的绿叶都光合出生命的恩泽
每一寸阴柔的湿地都滋养着城市的温润

忽然眼前滑过一道金光
耳畔响起清脆的啼鸣
啊,是金翅雀前来邀客
我不禁轻舒绿袖
翩翩欲飞
要加入这宛若洗礼的
湿地酣歌

鸟儿的报答

相传是春天的某个时辰
鸟儿们叽叽喳喳地表决
要为一些驻足关注的朋友
悄悄地改颜修容

它们以眼神示意
风就沿着视线
微微地扬起观鸟者的眉梢

它们轻轻地拍羽
风就沿着气流
柔柔地提起观鸟者的唇角

它们婉转地啁啾
风就沿着歌声
缓缓地舒展观鸟者的额头

它们曼舞空中
风就弹起金色的竖琴
观鸟者的心儿飞扬起来
脸颊绽放奕奕的神采

人类的音乐算不算一种鸟鸣

听说人类在喋喋不休
讨论鸟儿的啼鸣
是否可以称为一种音乐
鸟儿们也七嘴八舌
争论人类的音乐
算不算是一种鸟鸣

耳聪智睿的猫头鹰建议
何不去观人
且看我们的观鸟者朋友
他们最会欣赏天籁
叫他们侧耳动容的音乐
才配称一种鸟鸣

少年鹰与父亲

刚刚遇到一只小雪雁
再次证实了我的思考
所谓家园是自由的缠陷

多么渴望四海为家
像雁儿那样飞越万水
见识那传说中的海角

鹰爸却摇头说
雁们生就是迁徙的族群
而我们是这里的王者

宫廷不过是一棵老树上的窝巢
王土不过是一眼望尽的方圆几里
远方才是奥妙无边的疆域

傻孩子,别整天站在枝头做梦了
我们为你操心白了头
看湖那边草丛里有几只美味
学会捕食本领生活会更美好
难道你也要等白了头
才醒悟父母是为你好

小雪雁与母亲

刚刚遇见一只少年鹰
气宇不凡威武俊英
这片原野果然是鸟杰地灵

为什么我们总是匆匆赶路
不能像鹰们筑巢定居湖畔
享受一番悠闲自在的安宁

雁妈只是摇着头说
鹰们生而飞得高
我们生而飞得远
鹰们注定是这里的主人
我们注定是家在北方的过客

北方的家不过是穷乡僻野
哪有南方新鲜有趣水草肥
何不把他乡变故乡

可是，鹰们整日形影单只多寂寥
怎比，我们一路呼朋唤友多热闹
这里天敌阴险隐藏幽秘
北方才是生儿育女的安垒

傻孩子，别整天卧在草地发呆了
看那群俊雁在等着你
挑选一只做个伴侣
比翼双飞旅程更加美妙

歌雀

为你的殷勤寻觅
我颤声唱起抒情的花腔
叫嫩芽探头冒出了树枝
让野鸭痴迷荡起了涟漪
纷纷扬扬的音符唤醒春风绿大地
地为悦己者容
雀为知己者歌

乌鸦

黑发的你在说什么语
āáǎà，婉转动听
拜托拜托教教我
我有节有律的报春
世界都错怪成
声嘶力竭的哭丧
可知道我生来四音不全
只会唱声à--à—

知更鸟

早起鸟儿有虫吃
大家都夸我勤快
你可千万别仿效
睡到自然醒就好
何苦黎明来争吃

生活不止在于食
欢迎你来赏新绿
在这个早春的午后
我已请太阳留步

大蓝鹭

筑巢安家高枝上
好叫春风无阻
吹进雏儿的心田
也让蓝天径直
跃入雏儿的眼帘

如此方能代代相传
丰满之羽翼
自由之灵魂

鹦鹉品花

人们只赞樱花美
却不知花甜似蜜
莫笑鹦哥馋花痴
此乃阳光和雨调出的滋味
天然有机,新鲜纯净
谁不愿享用
春天的宴席

II

时令进行曲

一月雪之声

一片银白躺卧湖滨
一串鸟鸣颤动了静谧
是俏立翠柏枝头的戴菊
呼我给她拍张肖像
她怎知我是个鸟迷
心有灵犀举起了相机

野鸭们悠然浮在水中
眯眼享受温泉暖浴
忽有嘎嘎几声掠过湖面
向我发出诚挚的邀请
他怎知我思绪飞扬
冰雪胸怀的激情

一群孩子来嬉戏山坡
雪橇冒着热气欢呼
我的靴子咯吱咯吱
顽皮地笑答
更多的雪花飘舞空中
更多的音符萦绕耳畔

三月湖畔行

我从湖畔走过
眼中满了春色
蓝天倾慕着潋滟的水光
白云注视着挺拔的翠柏
青柳柔舞着招呼飞鸟歇脚

我从湖畔走过
耳中满了天籁
歌雀在枝头炫耀花腔
林莺在草丛娇声婉啼
翠鸟在为水中的美食哒哒地欢叫

我从湖畔走过
眼中满了祥和
野鸭成群在湖深处逐波
雁儿一家在浅水中嬉戏
乌龟母子在阳光下安静地叠着罗汉

如此良辰美景
原来一直在
等候悦己者的脚步
来从容放飞他自由的灵性

四月林间行

清晨的溪水流淌着新奇
伴我走入树林的奥秘
两岸的青石爱抚小溪的裙摆
嫩绿的野草亲吻我的脚踝

阳光透过林梢铺就小径
引我追寻它的绿野仙踪
鸟儿吹着清脆的口哨
调皮地邀我玩捉迷藏
山花一丛丛地争芳吐艳
烂漫地向我摇曳致意

一阵风儿轻拂我的发梢
悄悄吐露它的心语
花儿不愁生命的短暂
只管姹紫嫣红地绽放
在向谁献上感恩的笑靥
鸟儿不忧饮食的着落
只管千娇百媚地啁啾
在向谁献上感恩的欢歌

走过小溪我禁不住地微笑
因为林中的花鸟都加了我好友

春天的港湾

海水在春风的怀里绿了
盛开柔柔的浪花
轻唤冬眠的沙滩

多情的野鸭荡漾起五线谱
北归的大雁低鸣着离别曲
调皮的海狮戏水相送

不甘只做季节的观客
岸边的船儿呼朋唤友
扬帆去约会远方的群山

默默守望春色的港湾
叫我想起远方的母亲
毕生守护着
我记忆深处的那片海

赏樱

第一次赏樱尚年少
俨然一只迷茫的小鹿
怀揣无处安放的心情
慈母般的友人邀花见*
竟然在墓地旁
坐在生和相聚的此岸
面对死和别离的彼岸
我吃着梅子饭团
听她轻言细语的日语
一树繁花挽着另一树繁花怒放
粉色中墓园没了阴森
化作春天的陪衬
我似乎看懂了花瓣的笑靥
盛开和凋零乃大自然的时装
绚丽后落英也就无憾
灿烂中青春何必忧虑结局
于是料峭的春寒有了几许暖意
游子的心头多了几分晴朗

多年后再一次赏樱
与女儿相约校园中
她一身短衣婷婷
犹如欢跑而来的玉兔
我们漫步春光里
看她的同伴们蜂飞蝶舞
蓬勃的青春簇拥着满园娇嫩
一朵花儿携着一朵花儿俏立
我仿佛读出花瓣的唇语
一样的飘洋过海落地生根
一样的花开花落几度春秋
没有一寸光阴曾经辜负
他乡变故乡中生命更加丰盛

东瀛樱花开在了青涩的岁月
北美樱花开在了从容的季节
两对母女的记忆重叠交错
定格在粉红色的诗行间

*花见：日语的 Hanami， 即赏花

郁金香物语

辽阔的山谷
最佳舞台
环绕的山峦
绝妙背景
让郁金香隆重登场
朵朵皆是盛妆的主角
绽放最美的容颜
摇曳万紫千红的花姿

场面之宏大
叹为观止
细节之精美
目不暇接
郁金香物语一旦上演
四月天的春意浩瀚无垠

观客已入戏
如痴如醉
却听导演耳语
此为预演
千万分之一的天堂之美

致语青春

枯褐的草地换装遍野的绿茵
光秃的李树重生一身的雪白
凋零的玫瑰新孕满枝的粉蕾
记忆的潮水涌来
涨起朵朵的青涩

青春的小鸟
在花裙里任性飞舞
在春风里任性啼鸣
旋转那么多慌乱的脚步
唱出那么多无果的起始
倘若将如今的成熟相告
你的未来会是多么顺畅的通途
朝向多么美妙的结局

可是
你宁愿曲径通幽地
拥有现在的爱
原来上帝早把你的每一条岔路
暗暗引向了他的青草地

长椅之邀

一张俯瞰大海的长椅
立在春暖花开的路旁
犹如一封诚恳的请柬
以大地为纸
青松为笔
天之蓝为墨

召唤劳苦重担的背负者
召唤长途跋涉的漂泊者
召唤任何一个孤寂的灵魂
无论严寒酷暑
无论少年老叟
无论肥马轻裘还是衣衫褴褛

来吧,安歇在他的膀臂
让海风吹走你的苦楚
任飞鸟衔去你的忧愁
大海将宽阔你的胸襟
鲜花会芬芳你的心怀

然后重新扬帆
前行的路纵然曲折
肩头的轭却是轻省
且听大山小山唱起歌儿
馨香的祝福从此环绕脚踝

复活的昭示

一丛丛枯草从冻土冒青
一条条秃枝从寒冬萌芽
一只只雏鸟从残巢飞出

一轮轮日出在黑夜中升起
一朵朵花儿在晨风里开颜
一座座山峦在阳光下苏醒

如此周而复始的剧情
莫非隐藏的执导之手
在殷切地昭示尘寰

地有复活的气息
天有永恒的盼望
此乃荣美的应许

五月的色彩

觉晓的初夏
声声啼鸣唤我出行
心,雀跃欢跳
脚,扑腾欲飞
欲找寻五月的色彩

琉璃彩鸫衔来一片蓝天
戴在头顶
美洲金翅裁下几寸阳光
裹成羽裳

黑鹂将两瓣红玫瑰花
贴在双翼
紫崖燕读懂了鸢尾花
背负其梦想

戴菊鸟轻轻啄出绿叶汁儿
洒在绒毛里
唐纳雀细细嗅着橘色百合
花蜜沾上满脸

却见大蓝鹭久久立在河畔
将自己等待成了灰白
想起我远方的母亲
思念浸染的满头银发

走入初夏的峡谷

晨光一层层褪去山脊的薄纱
鸟儿一声声唤醒溪水的梦游
嫩绿的树枝婀娜地伸着懒腰
粉红的野花柔美地绽开笑容

猛禽们开始盘旋在峭壁之上
犹如君王早朝巡视
一块块岩石昂首挺胸
忠实地守卫脚下的乐土

一行观鸟者张开心迷的翅膀
悄然掠过徐徐展开的卷轴
怀揣大自然的灵动
消融在山谷的腹中

夏日的三个情郎

一只黑颈漫游湖中
金发赤瞳左顾右盼
阅读每一寸波光
寻觅夏日的激情

几羽山雀衔来清风
轻摇一帘柔情的吊床
黑发埋首书香中
坠入颜如玉的幽梦

一个镜头伫立湖畔
目不转睛伸长了脖子
将夏日的音容笑貌
一张张上传到记忆深处

蓝莓

紫蓝的阳光
一粒粒洒落绿叶间
小小的圆润
满满的清甜
亮人眼目
畅其血脉
经得起雪藏之寒
受得住灼热之烤

可做沙拉配角
不动声色地点睛
可当馅饼主角
飘香聚焦的异彩

采摘来滋养我的诗
好让读者双瞳剪水

龙眼

青褐的阳光
一串串倾泻婆娑
簇拥枝下
莫如荔枝美艳
不及芒果耀眼
却粒粒内蕴
热土膏泥的精华

岁月里风干
褪去娇嫩
精馏柔韧成桂圆
浓缩夏日的香甜
揣入怀中
在风雪漫天的隆冬驱寒
在夜色无边的异乡安寝

多想写出这样质朴的
经得起风吹日晒的诗句

夏的甘霖

令多少人烦恼的雨
打乱了出行的计划
阻挡了雀跃的脚步
却是留守者的佳音

耷拉脑袋的小草
泛起了绿波
蔫蔫无力的小花
绽放出笑靥
还有那嗷嗷待哺的小果子
更是散发着餍足的青亮

安慰着炙烤的心灵
完满了热切的渴望
甘霖使夏日焕然一新

翠颜知音

乐团入住夏日的庭院
鸟儿时而独唱时而合鸣
风吹竹叶沙沙伴奏
蝴蝶轻拍蜜蜂劲舞
小鹿也来客串踢踏
无论阴晴场场爆满

一簇簇葡萄相拥而坐
一枚枚青李矜持就席
由此盈满天籁的蜜汁
我也想日日入座
好结出甜美的诗韵佳果

初秋

葡萄还在一串串讲述夏的结局
黄瓜伸出展手臂拉开秋的帷幕
李子树珍藏着最后几枚宝果
翠竹摇曳着先知先觉的微黄
蓝莓树却已悄悄换妆紫红

夏和秋在我的庭院握手
也在我的心头交织
左心房尚有激情的余温
右心房已入金色的恬静
思绪袅袅随白云漫游

莫非一生好景正此季
无需争相斗艳
只管舒展枝叶
任秋日的温柔缓缓着色
让秋风的从容轻轻拂面

秋分的田野

异乡的秋分是一只绵羊
在不紧不慢的风中走来

空旷的农田裸露出胸脯
依然喂养着零星的小瓜们
只有高挑的玉米杆们还站着
伸手拽住秋的衣襟
恳请等候
收获最后的甘甜

小树林的那群鸟儿
想必是此乡的地主
飞来飞去殷勤查看
亦不忘享用大自然的肥美
欢愉的啼鸣回荡在田野
回荡在我的生命之秋

不必悲秋

扶摇中翩跹而落
完成生命的一次谢幕
华裳褪尽
明日入土成泥
开启重生的里程
化为树根的养分
徐徐在树心中升华
待来春的玉手妆扮
上演更加碧绿的绚烂

如此看来
秋风是个冷峻的外科医生
春风则为曼妙的化妆师

迷失的尖尾鹬

入秋的湖畔
一抹栗色彷徨泥滩
来自西伯利亚冰雪的尖尾鹬
本该和伙伴们同赴南方的温暖
不知怎就半路落了单

寒风即将卷起
黑夜亦将蔓延
孤寂的少年鹬啊
不知你的命运将如何

我们又何曾不是天地间的候鸟
迁徙在通往归属的旅程
为何迷失者愈来愈多
莫非丢失了灵魂的导航仪

孩童的雪

来我这里吧
带着你羞怯怯的雪橇
红扑扑的脸蛋
热乎乎的气息

小手臂当双桨
小身子做马达
在我的留白处
滑出一道道童年的欢乐

我安静了整个世界
来倾听你顽皮的嬉闹

冬至的山谷

冬至的山谷
鸟儿们以各种肢体语
恳请太阳留步
大蓝鹭练站桩
红尾鵟在冥思
北鹞巡视猎物
美洲隼转动着火眼金睛
短耳鸮玩着捉迷藏
天鹅们安卧青草地

我这天如同农夫
心满意足地随夕阳收工
数算镜头下的收成
丰盛的羽影
足以伴我即将的漫漫寒冬

奇妙的诞生

传说那一夜
奇妙的诞生前所未有

苍穹俯身
凝视马槽中熟睡的婴儿
星星打着手语
传递平安的问候
天使们下凡
唱出赞美的乐章

如此高贵的降临
却显示给了卑微之群
伯利恒野地的牧羊人啊
成为至高者的拣选

礼物

一件件节日的礼物
立在光鲜亮丽的包装里
而世间最最珍惜的礼物
躺在粗麻布衣的襁褓中
福泽万民
如黄金带来尊贵
似乳香通达高天
若没药医治伤痛

我无以回报
想起那小小鼓手
于是努力敲打着键盘
谱写爱的小曲

星辰作证

一个生死的预言闪烁经书的字海
一条家谱的红线串起奥秘的珍珠
卑贱的妓女，贫寒的寡妇
仗义的财主，贤明的君王
原来那柔弱的婴孩
出自一场浩大的拯救
原来那窄小的马槽
开启天地的亲密

星辰作证
至高者从宝座走下
牧羊于加利利的百姓
日月掩面
无罪者遭受刑罚
被挂各各他山

带着钉痕的手
将爱倾倒
流至东西半球
大地的浪子从此回头
用全部的生命等候
一场盛大的宇宙庆典

圣诞,冬日的太阳

绿色的光芒穿越门窗
厅堂内长出常青树
朱红的果实挂满枝头
一家家老少围坐壁炉前

洁白的雪花飘落屋顶
宛若奶油点缀蛋糕
又如婚纱妆扮含羞的新娘
一颗颗心儿安憩于喧嚣中

金色的圣乐翱跹空中
仿佛天使们领唱普世欢腾
迎接荣耀的君王到来
一缕缕颂歌通达宝座前

圣诞啊,冬日的太阳
穿过严寒的阴霾降临
我触摸你而不被灼伤
快乐的小鹿跳跃心头

平安吧,我的祝福
永恒的热潮奔腾血液
看哪,一只只纯洁的鸽子
飞向沃野洪涛

圣诞鹤羽

从天堂的高度倾落
为要亲吻
大地的悲欢离合

这份冰清玉洁
乃致世人的定情之物
如此香消入土
黑暗中清洁杂芜之田
只为纯净众人的灵魂
那日得以轻盈飘升
欢赴一场空中婚筵

除夕寒英

是谁订购了这场雪
给大地贺岁
起先来得迅猛
洗去旧年肮脏的墨迹
随后飘洒温柔
铺就新年落笔的诗笺

愿花草都有芬芳的笑靥
愿树木都有葱茏的容颜
愿飞鸟都有欢快的啁啾
愿世间饥荒的威胁如雾消散
愿远处战争的风声随风逝去
愿无人似菌类生活在阴影下

梦想躺在白雪之上
愈发地色彩斑斓

鸟儿的节日

这天吾类欢天喜地
庆祝一个非凡之日
白羽黑羽黄羽褐羽
朵朵飞舞自由
稚嫩沧桑低沉高亢
声声啼鸣和平
致敬圣诞数鸟的开启

口述之史代代相传
从前的人类滥杀无辜
竟以射鸟比赛为节助兴
直到百多年前的一天
善良之士拍案而起
呼吁以数鸟代替打鸟
二十七位君子奔走野外
将友善的目光投向天空

圣诞的平安从此临到吾类
十二月十四日载入羽册
乃观赏千百架望远镜的
和平之日
让我们的美羽佳音
栖息你们的胸间

放下瞄准彼此的武器吧
人类啊
何不数点你们的同胞

III

爱之柔板

葵的情歌

我是一株行走的葵
毕生追逐你的爱抚
脚下的泥土固然宝贵
予我花之养分
而你赋我生之意义
黑夜中静守
蓝色的盼望
白日里映射
金色的荣光

垂听我无声的倾诉
托起我百般的软弱
知晓我脊梁直挺的曲折
洞察我笑颜灿烂的隐忍

你炽热的胸怀
总有一襟属我
而我这缕馨香
单单向你升起

中西合璧之旋律

任凭风吹
任凭雨袭
诗词相伴
萧萧落叶间携手吟啸

情欢花颜
情浓霜鬓
锦瑟响起
娓娓颤音里蓝田日暖

潮起澎湃
潮落宁和
卡农延绵
悠悠叠韵中从容旋舞

比翼鸟

青山在人未老
携手去观鸟
脚，触兴绿野
指，拨动风云
眼，跃入蓝天
在一朵朵翩跹中把握方向

每当目光交织在同一羽上
肩并肩的连理枝
就化作了比翼鸟

假如我是一只小船

假如我是一只小船
我愿满载阳光
举手投足就有了温暖的风韵
河水的寒冷,不再介意
漂流或停泊,心都安然

假如我是一只小船
我愿满载诗歌
喜怒哀乐就有了亲切的回响
想象的翅膀,托舟前行
溅起的浪花,诗意朵朵

假如我是一只小船
我愿满载一家人
生命之旅就有了庄严的使命
孩子的哭泣,成长的痕迹
孩子的欢笑,未来的憧憬

我所爱的人啊
你就是我的阳光和诗歌
有了你就有了孩子和家
风吹雨打带来水涨船高
同舟共济直到天老地荒

走上红毯

两侧升起翡翠的屏风
一切的尘嚣消匿
惟见幸福的微笑立在那端
红毯上每一步
回应你心跳的声音
诉说我思念的衷肠
忘记我的矜持
绽放桃之夭夭

眼帘映入你的凝视
唇齿发出颤栗的誓言
如火焰的电光
足以照亮平凡的朝夕
纵使野蔬充膳也甘甜
倘若落叶披风亦风情

洁白的婚纱
覆裹着我纯洁的心愿
但求凤凰于飞至白首
芬芳的红玫
馥郁着我美丽的梦想
惟愿琴瑟和鸣长相守

中年的爱情

曾经是惶急的激流
浪花碰撞着一路前行
风中雨中兼程
汗水泪水交织
生命的合流日渐丰沛
有了如今涨满的宽厚
方能从容把握河流的律动

时而水面平缓如镜
拥抱两岸的旖旎入怀
时而微波荡漾涟漪
回应百鸟盘旋的啼鸣
烈日下悄悄滋润几分流域
霜雪中静静暖化几寸冻土
只为回馈上天的祝福

河底的卵石是执着的沉淀
红白相间的欢悲
粉黑交错的甜苦
金黄互映的荣枯
多彩的爱愈发绵延醇美
流向更加深厚的岁月

疫中相濡以沫

日夜守在她的床前
随时给滚烫的呼吸
一口清凉的甘霖
一方洁白的毛巾
一颗殷勤祈祷之心

明知面对的危险
足以瘫痪整座城市
可他的眼中只有
骨中的骨
肉中的肉

她终于立起的时刻
他却倒下
挺着他的肋骨做依靠的肩头
浅浅的眉弯
深深的眷恋

相濡以沫之时
秋池里涟漪漾起

永远的新妇

强壮而温柔的羽翼
宽阔又深情
筑起抵御霜雪的暖巢
安顿一只漂泊的候鸟

长久而新鲜的目光
专注又多情
她时而在他的肩头曼声呢喃
时而在他的天空翩跹起舞

华年流逝爱亦无垂老
多年后白首的她
依旧会是他瞳仁中
永远的新妇

幸福的夕阳

秋阳一天比一天早归
今日却随我放慢了脚步
依然眷恋在秋波之上
凝眸沙滩的场景

女孩的长发飘着金光
男孩的脸庞闪着爱慕
依偎的剪影
一幕定格的春华剧照

拄杖的老妇披着余晖
花鬓的老夫踩着黄昏
牵手的背影
一组慢镜头的秋实特写

在晚霞的怀抱中
一轮红晕幸福地溢彩
曝光那昔日的光景
照耀我未来的憧憬

执子之手

青春握住你的手
欢悦宛若溪畔的鹿
漫步放蕊的香草山
陶醉哪哒番红之笑靥

炎夏握住你的手
清纯宛若池中的荷
舒展翠绿的襟怀里
盛开晶莹皎洁之心莲

寒冬握住你的手
安宁宛若树上的鸟
缠绕枯枝的窝巢里
且待冰雪消融之晨曦

华发握住你的手
多情依旧风中的柳
眷恋千丝的意绵绵
啜饮余晖熔金之荣美

鹰和燕的爱情

两双翅膀挟爱高升
四只利爪温柔地锁定
一团漩涡翻滚空中
把炽热的誓言
书写在天地之间

林间巢中的母燕
目睹鹰之浪漫浓情
不禁幽叹自家的平淡
但见一只风尘仆仆的羽影
衔来她和雏儿至爱的晚餐

不败岁月之恋

到蓝天下读你
额头的皱纹是阳光的吻迹
到绿湖边读你
眼角的鱼尾是爱恋的涟漪

在荒野中读你
宽厚的膀臂是孤独的慰藉
在风雪中读你
温暖的怀抱是今生的归宿

在书卷的眉梢读你
那洁白的清香的诗篇
喃喃低徊耳畔
在上天的眼帘读你
那金黄的甜蜜的呼唤
柔柔回荡心间

合欢树

庆祝两情相悦的年轮又圆
感恩两只小鸟的入巢
衔来了几分天堂般的快乐
让合欢树倍增生机
努力向下伸展
汲取地之精华
尽情向上舒卷
采撷云中玉露
来涂写一枚枚叶子
再绘色一丝丝花瓣
层层叠叠的亲密中
愿续度两万个
平凡相依的日子

雪与新冠

今冬的第一场飞花落下
我随院子盖上了厚实的棉褥
我如茧自缚隔离
昏睡成沙发上的土豆
朦胧中他穿梭阴阳之间
片片羽毛飘上我的额头
淙淙清泉流入我的咽喉

梦境亦或真实
恍惚中暖阳穿透了我
雪被下钻出小草在伸腰
小鸟们欢快地打字青绿中
毛毯下的我于是冒出芽
伸出柔软的十指惊醒键盘
哼出一首感恩的情歌

最最柔软的远方

行过新冠的幽谷
终于承认耄耋之龄
出门买菜拄起了拐杖
"哒哒哒哒"的慢四中
一把嫩绿
两粒嫣红
三条紫乌
五朵云白
悉悉索索
簇拥着老人回家

我哪里需要保姆照顾
腿脚还能走动
等动不了的时候呢
更无必要请人了
成天看着我躺吗
后事已经想好
归宿就在老家的山头

母亲啊
曾经你也梦想
远走天涯
如今你依然留守
倔强的海角
那抹金色的晚霞
是飘在儿心底
最最柔软的远方

五月的诗行

五月的晴空似母亲的目光
每一寸都温温和和
脉脉地注视我脚踪的深浅
曾经的宠爱萦绕胸间

五月的康乃馨似母亲的叮咛
每一朵都层层叠叠
细细地洇染我情愫的涟漪
昔日的天伦悄然泉涌

五月的微风啊
可否捎去我的思念
夜夜亲吻母亲的白发
抚平她紧缩的眉头

五月的飞鸟啊
可否衔去我的诗行
日日吟唱感恩的歌
慰藉她牵挂的心头

游子的心愿

多想变成一只花衣燕子
乘着歌声翱翔
日夜兼程千万里
回到儿时的春天
陪你聊天话家常
让你尚且清晰的记忆
在眉宇间徐徐舒展

又幻想拥有魔法分身术
化作一台万能炉
你只需按下电钮
可口的饭菜喷香而出
多多牵手老爸去散步
让阳光给你添加维 D
让月光带你入梦甜蜜

再化作一位智能清洁工
你只要轻声吩咐
就有百依百顺的回应
不知疲倦地打扫每个房间
让你勤劳的双手安歇
好捧起满载温馨的相册
以慈爱的目光拥抱远方的儿孙

母亲啊，原谅我
想象中都不敢以肉身承担
而当年风华佳美的少妇
怎甘做了那万能的炉和清洁妇
春夏秋冬，辛劳无悔

最后，我愿化身一株三角梅
静静地在你的阳台怒放
朵朵粉红都是游子愧疚的孝心
欣慰地看你赏花的笑颜

其实啊，你不正是
你所爱的那梅花
为自己所求甚微
一撮泥土，几滴雨水
就全身盛开爱的美丽
温柔似月，绵长如日
伴我走遍天涯海角

喝着友谊的早茶

被风干的记忆
在杯中舒展
漂浮起来
包在荷叶里的往事
一经剥开
便在舌尖舞出糯香

被拉长的光阴
流淌成肠粉
每一条都柔滑鲜美
曾经的单相思
煎成萝卜糕
一面微焦一面软嫩

有些友情如凤爪
皱皱皮下
满满的胶原蛋白
有些友情似流沙包
轻咬一口
便慢悠悠地淌出岁月的金黄

致宅家的少年们

别让小小病毒将你软禁
以为一点鼠标
宇宙就进了你的卧室

那不过是虚拟的世界
真实的精彩在窗外
像小鹿一般撒欢吧
约上几个朋友
到草地里吹拉弹唱
在野花畔谈天说笑
到球场上挥汗如雨
在海水中畅游如鱼
去雪地里奋战一场雪仗

别让小小病毒
减弱了你成长的筋骨
别让一方口罩
遮掩了你青春的气息
让明媚的阳光
入住你青涩的心田
让如水的月光
流进你酣睡的梦乡

同窗情

以为是份真空包装
原汁原味的珍藏
开封后方知
是坛陈年老窖
愈久弥香

时光由此倒流
滴滴酒后
青春的脸庞浮现
乍看桌上的鱼头衔着逸闻
细看筷中的鸡翅夹着秘密

任你是何方专家或教授
直呼大名才亲切
任你是何处领导或老总
昵称绰号显本色

七月的风吹来远方的回流
融化着雪封的记忆
南国的夜放晴心胸的河汉
闪烁着友谊的星光

杰作

大师们的传世之作
人们重金购买
竞相珍藏
到明日不过是
尘土一抔

他的杰作从不标价
乃一尊尊行走的雕像
自他的手而平等
因他的形而高贵
得他的灵而自由

最为奇妙的是
当我们的身体化为尘土
灵魂将褪壳而升
在他慈爱的眼中
曼舞永恒

致敬一位绝症患者

医生已束手无策
开出临终关怀的医嘱
他于是从病房走出
关怀这个世界

祥和的笑容
流出平安的泉水
热切的眼神
打捞沉沦的灵魂

瘦削的躯体
宛若被抱在怀中的瑶琴
拨动悦耳的乐声
稀疏的头顶
仿佛被膏抹的玉器
盛满安慰的馨香

程程化疗夺去的
不过是可数的黑发
屡屡幽谷行得来的
却是无限的感悟

他如同玛拉的那棵树
被丢进我们的心河
涟涟荡起的清漪
印证苦水变甜的奇妙

瞬间与永恒

倘若你感觉一丝的喜悦
咀嚼它
倘若你看到一线的光芒
亲吻它
倘若你听见一个无声的叹息
回应它

一江寒水
由几圈涟漪进入春风
一棵枯树
由几串鸟鸣生出绿荫
这些可遇而不可求的瞬间
岂不知
是一根指头轻轻滑屏
将你带入永恒的起点

激情的漂流瓶

将装满激情的漂流瓶
投放大海
开启冒险的旅程
期待神秘的偶遇
多少时辰的寂寞
直至遇见沙滩上的你
拾起一份因缘
隔着时空
竟心有灵犀

两段迥异的人生
走入一首诗歌
何尝不是一种
海边的浪漫

致读者

将浸染晨光的词句
悬挂树梢
有你飞来
一串串衔去云端
留下一声声啼鸣
叩击心扉

我热泪倾听
知音的天籁
珍藏这段
空中的邂逅

IV

东方琴瑟

汉字咏

走下甲骨和青铜
便柔软了身姿
蜿蜒于大江南北
上登帝王将相的殿堂
下入赵钱孙李的寒舍
脊梁始终那么正直
挺过多少雷霆乱云

一横一竖若方鼎
承载历史的重荷
一折一提如飞羽
衔负游子的行囊
一撇一捺似扬眉
笑看古今的风流
史海中字主沉浮

东方牧歌

牵领一只只小羊
放牧日月交辉于文的原野
细细咀嚼一根根横竖撇捺
嗅入笔墨的芳香
反刍象形的奥妙

悟道一个青
最有生命的颜色
水至纯时变清
日至美时为晴
心至柔时生情

感寓一个良
世上最善良的女人为娘
娘喜听儿书声琅琅
地上最有活力之水乃浪
浪迹天涯也忘不了娘

先祖的教诲字字珠玑
人本躬身谦良
孝子尊老为上
德乃心走直路
留有余地见前途

包容每一滴水方成海
心中只有己为大忌
自大一点就出臭
舍得给予者获舒心
含怒到日落心成奴

如此智语不可枚数
一张张顿悟的脸庞恍然花开
一声声清澈的笑语宛若鸟啼
羊儿们报我以故土的春天
便与我沾亲带故了

当情人卡遇见红包

情人节赶来给春节拜年
语言不通
灯笼和蜡烛吵红了脸
年夜饭的鱼头吓跑了精装巧克力
桔子横眉娇滴滴的草莓
水仙冷对艳妆的玫瑰

幸好我来做翻译
并且灵机一动
把红包放入情人卡
浪漫增添财力
合家团圆加进两勺蜜糖
成就中西合璧的
幸福组合

异乡的春节

一款款年味生出候鸟的翅膀
喜洋洋落户游子的屋宇
让竹筷亲吻除夕美食
一台台晚会自云上飞落
热腾腾歌舞出红男绿女
叫厅堂醉入蓬荜生辉

异乡的春节
令刀叉垂涎的
色香味俱全
可以看起来红红火火
舌却要找寻温情的滋味
耳在思念亲切的乡音

轻轻地触摸屏幕那端
花白的头发额上的纹
给二老拜年
千言万语化作两声恳求
珍重,珍重
等儿回家陪你们过年

过年

仿佛一年的辛劳
都是为了此时的安享

仿佛一年的节俭
都是为了此时的慷慨

仿佛一年的离散
都是为了此时的团聚

仿佛一年的漂浮
都是为了此时的归根

此时的炉火
烹调出一生的温情
怀揣上路
可抵御异乡的寒夜

包饺子,童年的大戏

母亲左手导演
右手调馅
大姐摇滚面团
圆皮儿飞舞
落在我的掌心
乖乖地张着嘴
小心用勺子喂它
不可太多坏了肚子

二姐巧手拿捏
娇耳一排排喜庆出场
弟弟咽着口水
数点一朵朵合家欢乐
父亲满面红光
豪迈地主宰沉浮
热气中一盘盘美味飘香
引无数味蕾雀跃

帷幕在舌尖落下
又在脑海一次次升起
亲情在锅中翻滚
又在胸间一波波荡漾

童年的大戏
永远在记忆中栩栩如生
饺子的滋味
永远在记忆中至鲜至美

星奶奶的故事

这一夜星崽们都已到齐
星奶奶遥指苍穹那端
开讲睡前故事

从前的牛郎和织女
相隔迢迢亿万里
却乘着光相遇蓝色星球
学会了相亲相爱
学会了耕地织布
甚至还生下一双痴儿娇女
在地过着神仙眷侣的日子

星崽们兴奋地眨眼问
这故事是真还是虚
如何成行那仙境之旅
星奶奶笑着道出秘密
你就是光,光就是你
星崽们于是向着地球努力闪烁
今夜星河璀璨无比

七夕

女儿们曾祈福心灵手巧
男子们曾乞求金榜题名
最终皆让位给了更大的企盼
连君王都不禁此夜梦求爱妃

也许地上太多别离的泪水
太少圆满的欢笑
也许人间太多爱情的背叛
太少眷侣的忠贞

今夕欢爱短如金风玉露
叫炽烈滑亮夜空
明日相距长如银汉迢迢
令思恋延绵千古

星星们都已睡去
那份企盼却还不肯眠

鹊桥

谁言只是传说
且听鹊儿们
挺着长翎日日咏唱
一年一度爱之隆重
它们禁不住预告开幕
那一夜爱之浓蜜
它们忍不住连连报喜

端午节

这个民族
用手轻轻包蕴节日
用舌尖细细品味内涵
唇齿留香间
文化脉脉传情

中秋,将月亮的传说藏身月饼
春节,将团圆的欢乐捏入饺子
清明,将春天的思念揉进青团

那么端午,如何纪念一个诗人
宁死不屈的灵魂呢
我们把软糯的情思包入绿叶
棱角坚挺
清香飘逸

皓月

这一夜
家乡亲人们远眺的视线
升成袅袅的祝福
汇聚出夜空宁静的明眸
天涯游子们怀念的情思
飘出丝丝的惆怅
徘徊出月中曼舞的身影

默存人间的悲欢离合
婵娟愈发华光满溢

月饼

手掬一握月儿的碎影
放入一枚圆润的金黄
照亮嫦娥思乡的路途
捏进几寸土地的香甜
慰藉嫦娥孤寂的寒苦

在游子的舌尖启程
经历肚腹中温暖的归途
心头方能浸润浓郁的乡情

柚子

沐浴夏的热烈
汲取秋的凉爽
随同月的丰盈而饱满
幽雅的清香,成熟的风韵
堪称果园中的女伶文旦

雪衣之下一身晶莹剔透
凝日月之精华
酸酸甜甜地安定
潮涨潮落的凡心

天地的善良

为阻止一人之恶
嫦娥含泪飞天
地上的善良
幽禁在凛凛寒宫
长生不老终成飘渺

为阻止众人之恶
神子甘愿卑微降世
天上的善良
牧羊于青青草地
永生之道有了渡桥

跟着我漂泊的汉字

1

窗外秋色斑斓
我念着你们的中文名字
唇齿如吐兰香
室内华光异彩

"瑞丽",端庄秀丽的金发女孩
比起你的英文名字更像你
一手小楷风姿娟秀

"腓比",我心底下芳菲的笔
汉字仿佛你蓝眼睛中的小精灵
飞入文中嬉笑行间

"伟海",阳刚帅气宽肩褐发
总是那么积极发言
高举着手如同小鹿昂头

"西莎",在爱尔兰出生的印度女孩
总爱忽闪着黑亮的眼睛提问
两个古老的文明交融出明眸

"马腾",棕色的手腕下字迹歪歪斜斜
可是一笔一画都不缺
仓颉见了会说是马驹奔跑的足迹

当初始祖亚当给所有的动物起了名
不知为何未造文字
远古仓颉竟从飞禽走兽的脚踪顿悟
鸟爪·马蹄·鹿足·虎印……

汉字分明就是大自然的气韵
上帝特别赐给中国人的智慧
你们的中文名字就是这智慧的结晶

2

"子轩""浩华""俊杰""永禧"
"诗筠""悦盈""嘉慧""文纶"
莫非字字含蕴血脉的密码
你们的父母怀揣着一个个热望
将故土之情浓缩成一个个祈祷

而你们不负期望
旋转着汉字魔方
道出愈来愈流利的中文

3

"文玲",玲珑娇小爱说爱笑
难以想象你曾是个孤儿
五岁时被遗弃在火车站

你无恨无怨抛弃你的土地
满腔热情拾起失落的母语
养父母是以怎样的宽宏之爱
为你持守这个连于根的名字

4

只因你们走入我的课堂
我就爱上了黑发棕发金发的你们
从前,英文向我敞开了通往新奇世界之门
如今,我在为你们打开一扇眺望东方之窗

中秋圆月照开了你们的脑洞
穿过云彩见琼宫
赏月的浪漫,月饼的香甜
嫦娥的美丽,玉兔的可爱
品尝异于奶酪之月的东方韵味

生肖·舞狮·红包·美食
让身心浸染除旧迎新的喜庆
元宵灯谜又添妙趣
大红灯笼下拆拆合合
体验方块字才有的奥秘

七夕·牛郎·织女·鹊桥
看两颗星如何被古人召唤下凡
演绎两情久长的生死之恋
愿东方式爱情触摸你们的情感
让眺望星河的双眸更加明亮

端午·屈原·龙舟·粽子
香香糯糯饱含深情
竟有一种食物如此内涵丰富
齐心协力壮怀激烈
竟有一项运动如此弛魂宕魄·

5

我将李白的明月光
洒落你们的课桌
又将孟浩然的春眠
让啼鸟催醒

杜牧的牧童吹着笛子走近
张继的客船随着钟声靠岸
一行白鹭翩翩飞进教室
两只鸳鸯恩恩爱爱游来

唐诗宋词的春秋
穿越千年不减风韵
古老文字的生命
横跨东西共鸣情感

6

悠久绵长的文化固然灿烂迷人
日新月异的国度更令人向往

秦砖汉瓦的中国
也是高楼林立的中国
水墨丹青的中国
也是风驰电掣的中国
浩瀚太空中真有"嫦娥"飞舞
遥迢月球上惊见"玉兔"漫步

若是那些神奇距离太远
那么打开手机即上云端
"海内存知己，天涯若比邻"
中文助你觅知音

7

当年上帝赐福门徒
于外邦人云集之圣城
纷纷开口说起他国语言
好叫福音直达各族人心

异国他乡闻母语
犹如沙漠遇甘泉
你们以豆蔻年华体演中文
伴以银铃般的笑声
好似佳音萦耳抚慰我心

8

开在你们笑靥的花朵
连同眼神里清澈的涟漪
唤我逝去的青葱再生

久远却又贴近
一朵朵记忆随手可摘
跻身校园的万紫千红

9

跟着我漂泊的汉字
魂系故乡的悠悠情丝
在此安家栖息

发酵的乡愁化作养料
点点滴滴地浇灌
异乡青春的花朵

10

我何其荣幸
能引领蓬勃朝气的脚步
行一段东方之旅
走一程独特风景

我有一个梦想
如窗外的红枫那般殷切
愿你们一路求索的嘉言懿行
收获果实累累的未来

播种汉字

我喜欢播种汉字
在异乡的田野
这里幅员辽阔,大可作为
只是土壤有些贫乏
于是施洒文化的养料
伴以理解的酵素
加之激情的灌溉
激情源自对东方故土的思恋

从春天的心田开始耕耘
年轻而柔软
不求枝繁叶茂
但求粒粒萌芽
让少年之心感受成长的喜悦
兴许二十年后才开花结果
我有老农的耐心
和对未来的憧憬
加之一份执着的信念
执着来自仓颉起首的前世今生

多少文明兴衰沉浮
文字随之云消雾散
偶尔显现在无声无息的遗址
惟有汉字
阅历千年朝代更迭
卷身无数乱世风云
依然声情并茂地
活跃在热爱它的国度

方方正正，载情载意
追随时代，青春犹在
解码鸟迹兽踪的自然奥密
注释千丝万缕的人类情思
古老的汉字从不负期望
我携它飘洋过海
决意在异乡的土地
拓出一片春华秋实的风景

奇特的叶子

庭院立着一棵大树
茂密的叶子枚枚方正

冬夜里是一盏盏小小的灯
照亮梦里回家的路

夏日里是一块块柔韧的木
搭起孤岛之间的桥梁

春雨中是一粒粒随土而安的种子
随我播撒在异乡的田野

秋风中是一股股绵长的细流
兀自悠悠向东流去

魔方

何必羡慕作曲家们
汉字即跳跃的音符
且听李太白月下醉吟
"我歌月徘徊,
我舞影零乱"
那抑扬顿挫的行板
媲比德彪西的月光曲
袅袅飘荡在梦幻的天地间

何必羡慕艺术家们
汉字即多彩的线条
且看杨万里湖畔挥毫
"接天莲叶无穷碧,
映日荷花别样红"
那明亮的色调
媲比莫奈的一池睡莲
点点笔触排列成视觉和想象的盛宴

又何必羡慕建筑师们
汉字即不朽的方砖
鹳雀楼早已烟消
白日黄河的诗行却传诵万里
沈园的楼墙也已云散
满园春色的词句却飘香百世
多少雄伟的宫殿化为了尘土
仓颉的灵魂神秘又透明地
依然昂立眼前

现代乡愁之味

口中的食物营养时尚
有机全麦,环保友善
每枚鸡子都来自笼外散步的鸡
每块牛排都源于自由吃草的牛
却思念从前的青菜豆腐
母亲的炉灶,平安的保护
唇齿间弥漫亲情的甘味

身居的家室宽敞幽静
独门小楼,绿荫环绕
邻里美如花园而冷冷清清
超市琳琅满目却无声无息
不禁遥想家乡熙熙攘攘的菜市
鸣啼的鸡鸭,鼎沸的乡音
空气中漂浮暖暖的情味

面晤的季风不痛不痒
日头软绵,细雨暧昧
而我本是一株向日葵
惟在流金的艳阳中溢彩
不禁怀念童年汗水淋漓的玩耍
裸露的肌肤,热烈的拥抱
扶光里满了激情的气味

思绪的纤凝远离大地
指尖划屏,魂散万里
幸而行囊中有方墨宝
时常捧出来细细碾磨
故土的气息袅袅升起
古老的诗句,华夏的芳菲
成为慰藉魂魄的致味

双重祝福

中国是你的母亲
美国是你的父亲

中国是相片上微笑的表哥表姊
美国是后院里玩耍的堂妹堂弟

中国是对天边星星的遐想
美国是对怀中布熊的情长

中国是香甜的豆奶豆沙包
美国是浓郁的牛奶汉堡包

中文是跟妈妈的撒娇
英文是跟爸爸的逗笑

中文是美丽的图案
英文是流畅的曲线

中文是小蝌蚪找妈妈的童趣
英文是小红帽找奶奶的奇遇

你的身世凝聚着两族亲情
你的血脉传承着两种文明

愿你，恣意中西穿梭自如
享受双重祝福

《大地之歌》弦外音

从唐诗流出的潺潺溪水
途经维也纳的马勒
他将自己站成一棵溪畔的树

在绽放千华的春日里听笛
恍见采莲佳人的香袖轻飘
连同策马少年的毛发舞荡

在寂静弥蒙的秋风里举杯
致意古人灵魂的馥郁
慨叹自己如梦人生的悲凉

在湿漉的月光下枝叶婆娑
摇曳出东西方的韵致
将激情投影大地

V

旅之行吟

护照

方正的脸庞
威严地象征举国之力
又亲和地伴随任一雀跃的行囊

身家轻薄
无足无翼
却能走遍天下

从不长皱纹
却生一记雀斑
每当跨越一个疆界

行李

启程时轻盈出门
带着似箭之心
迈开明快的脚步

离乡时满载而归
装着浓厚的亲情
一步一回头地沉重

清迈剪影

女子们清秀
宛若行走的翠绿
男人们温和
以不露双膝的庄重

汉字点缀着街头巷尾
西语飘荡在龙眼树下
泰式冰茶同热咖啡齐眉
红绿咖喱与白米饭共情

古城墙诉说着往昔
近邻的喷泉高歌新曲
白鸽数只盘旋水上
心的音符飘出天韵

微笑的国度

当我启程前往清迈
　微笑在那里等待
　阳光一般明媚
　雨水一般充沛
　溢出荔枝的甜美
　苞含龙眼的谦和

　偶遇一位母怀中的幼女
　我轻轻道声
　"萨瓦迪卡"
　她小手合十的笑容
　如芒果的柔嫩
　滑入我的心田

盛夏象园情

野花间栖息着白色的蝴蝶
绿枝上跳跃着鸟儿的啼鸣
主人们悠然自得
轻摇蒲扇
庞大的憨厚
若躬背而出的泥土
硕长的顽皮
如触手可摸的童话

一只幼象仰面吸乳
紧贴母亲缓步的慈爱
草木沉入温柔之乡
我突然想做一只小羊
与象们为邻
静卧山坡
咀嚼这清凉的安宁

夜市与寺庙

夜市与寺庙为邻
倾听慈悲之怀的指点
果然商运通达
游客如云而至
一摊摊鱼肉烧烤飘香
一杯杯果汁鲜榨媲美
一条条衣裙花枝招展
现代与传统在此竞相争艳
足以让众佛尝尽人间烟火

那脆响的铜株
亦足以供奉金碧辉煌的虔诚
两情如此相悦

难民村

村口的大树枝繁叶茂
仿佛上帝慈爱的手
召唤倦鸟归巢

奶着婴孩的女人们
双臂黝黑的男人们
怀抱孙儿的老人们
愿我们的歌声
化作你们新家园的炊烟
愿我们的祈祷
成为你们新生活的平安

曾经疲于逃荒的双腿
如今盘坐安然
曾经饱经风雨的面孔
如今舒展盼望

静听
远方的炮火依然轰鸣
放眼
此处的田野秧苗正青

边界

河对岸
欲望之都
天空辽阔
却飞翔着炮弹
农田肥沃
却盛产难民
众豪厦掩藏着阴暗
座座尖塔向天告急

此岸却见
应许之地
芳草茵茵
安歇疲惫的身
溪水潺潺
浇灌干渴的灵
芭蕉树们举臂祈祷
缅栀花朵朵舒颜
吐露天堂的芬芳

缅甸的孤儿

别人家的孩子是朵花
而你是棵草
经过践踏依然挺立的小草

我教你唱诗
想驱散你眼中的乌云
我给你拥抱
想温暖你曾经孤苦的身躯
更想变成一把火
进入你的心窝
点亮一盏永不熄灭的蜡烛

在小桌小椅间
你双颊含羞
捧出一本识字册
终于开颜
啊,你此刻荡漾的笑靥
是夏日中最怡人的清朗

致大卫校长

285 张嘴
285 个碗
285 颗脑
285 套书
数字有价,爱心无价

1 分钱都无从于父母
他们已饱受战火的摧残
有的甚至长眠地下
1 分钱也无缘于政府
谁叫你这难民之身
甘愿牧养小羊
钱财有限,信心无限

你是他们地上最好的父亲
天上的荣耀由此降落
闪光在低矮的教室
悦颜在绿色的校服

东京夏姿

灰鹭翘首迎客
白鹡鸰啁啾欢快
金背鸠亲热地叫唤"姑姑"
乌鸦们惊呼"啊啊"
东京塔伸展着兴奋
料理店的机器人
端上一碗五目拉面

莫非因我
携来了太平洋彼岸的
凉风和咖啡

访角川武藏博物馆

翠鸟的蓝光时隐时现
在六月的青绿中指路
遥见银鹭伫立浅河
打禅中静候
拍翅而去的天空下
花岗岩巨石隆身而起

源自古老的根萦
怀揣新颖的探索
　天马行空的想象
大地孕育的厚实
相遇在书架剧场
千万本书成了主人公
光影和音乐的魔幻中
上演爱恨之激情
致意韶华之丰采

在这以书为脊的大厦
我渺小似一枚书签
又宽广如百川赴海
与漫画嬉戏
与文学畅谈
在吊床的温柔里筑窝
与百鸟一同归巢

张家界探谜

一柱柱奇山异峰
乃一枚枚修长的棋子
天将们以大地为盘
高手如林 胜败难分
天上一盘棋未了
地上数千年已过
酣战中却突然收兵
只为欣赏残局之美
饱吸地气的棋子们
长出了碧绿的触角
愈发苍翠在岁月之河

聪明的现代人百般解谜
迷魂台垂下痴痴的目光
玻璃栈道细细明察
缆车捋着长须来回踱步
百龙天梯探索的脚踪流连
天门山洞窥秘的目光徘徊
送走西游美猴王火眼金睛的洞察
迎来东行阿凡达哈利路亚的惊叹

莫非上帝在垂青此地时
布局了一记妙招
以降伏天地间好战之心
让摄人魂魄的绝壁翠微
站立出一片静谧祥和

时差

夜深
双足已沉沉入睡
脑子却在行走
肠胃仍兴奋地反刍
一盘盘浓郁的亲情

此刻失眠的思绪
似一枚枚茶叶
在沸水里起伏沉浮

两座绿城

异乡的西城
伞们都在度假
风姿绰约海滩上
怀拥狗儿或冰淇淋
雨绵细如丝
日温吞爽肤
满城的绿树悠闲地只管放青

故乡的南城
伞们昼夜辛劳
向暴雨示威
打出一方方流动的晴朗
与骄阳抗争
撑出一片片行走的阴凉
满城的绿树奋力地结出果子

此为夫家
彼为娘家
我爱这双城的伞们

鼓浪屿交响诗

海浪哼着低沉的和声
鸟儿咏唱澄澈的旋律
激起岛民们的情思
钢琴与琵琶琴瑟相调
双簧管同二胡缠绵交融
小提琴和古筝互诉衷肠
美妙的中西合璧荡漾空中

层叠的绿树红瓦竖耳倾听
挺立风云变幻
蜿蜒的青石小巷幽然陶醉
走过波澜起伏
那日光岩老者总是屏息
晨曦里第一个入座
又在斑斓的晚霞中凝神

一份份感动定格心版
一缕缕天籁回旋脑海
更有那簇簇盛开的三角梅
朵朵诗意飘香了我的记忆

彩虹下凡

他在找寻一地
比高山温情
比平原缠绵
他在找寻一族
勇猛又柔韧
深沉亦激情

仙乐轻灵飘飘
彩虹长袖翩翩
下凡华夏张掖
天地之爱的信约
从此绚烂丘陵
笑傲万年风云

且听
沉寂的乐章愈加磅礴
再看
凝然的舞姿愈加绰约
心醉
愈加斑斓的色彩如情似梦

风之电话

当思念的浪潮席卷全身
一只只颤抖的手捧起电话
消失在飓风中的亲人啊
请在风的那端接听
"父亲,你为什么离开我们?"
"爱妻,没了你我活着有什么意思?"
"女儿听到了吗?爸爸又来了。"

佐佐木先生建造的电话亭
满了前往天堂的风
立在大槌町的小山丘上
化作一只洁白的救生圈
托住一个个泪海中的沉溺者
一声声心语如泣如诉
如低回哀婉的三味线曲
幽幽地飘逝在风中

悲恸的人儿且慢步
一缕轻风自天堂吹来
欲拭干你绝望的泪水
可否听见他风中的细语
死亡并非终结
人生只是客旅
寻找永恒的灵魂
会相聚天家
那悠悠白云之上

VI

西雅图小夜曲

西雅图山水画卷

西雅图的冬日懒散惺忪
我们把它泡在热咖啡里
热气冒出百般奇思妙想
智者信手采撷

西雅图的夏天热情迟暮
我们把它罩在墨镜下
墨镜下影子飞天冲浪
健儿们驾驭云和海

西雅图的海和蔼可亲
跟太平洋同个脾味
西雅图的水甘甜纯净
与大雪山的心肺相通

西雅图的雨轻柔缠绵
跟青翠的草木谈情说爱
西雅图的鸟善舞爱鸣
叫静美的山水动画起来

普捷湾

冬天，寒潮飘过你添了温润
夏日，热流吹过你失了暴躁

春晨，你护送船只出海远航
秋夜，你轻摇孤帆游浮梦乡

风起，弄潮儿们入你怀中戏浪
风平，潜水者们进你腹底探幽

左脸，你与寂寞的淡水君子之交
右颜，你同辽阔的咸水亲如一家

你如此宠爱西雅图
这颗掌上明珠
滋养出常青的山野草木
哺育出多姿的飞鸟游鱼
愉悦了城市的眼目
丰富了城市的肚腹
更是宽宏了城市的气度

西城之雨

你格外青睐它的容貌
总要喷洒润肤的柔水
担心太阳贪看美颜忘归
你常常不等它告别就来访
云朵不知所措地聚聚散散

对于如此关切的老友
我们也就素颜迎客
举伞相伴未免太见外
何况手要用来握咖啡
一种苦口婆心的甘霖

雷尼尔雪山

在诗人眼里
你是云海里的岛屿
梦幻的遐想

在孩童眼里
你是天空中的冰淇淋
甜美的向往

在登山者眼里
你是奇异的雪莲
多变的情人

在上帝眼里
你静美的银装素裹之下
是燥热的野性
他不得不用千年冰川
冷却你内心流淌的
沸腾的熔岩

中央图书馆

每日的第一个读者
是迫不及待的晨光
穿越玻璃守卫的空间
静嗅一本本书香

大自然的昱耀
人类智慧的星光
在此相映成辉

寂寞或不甘寂寞的冬天

倘若你想沉浸在书香里
或是醉心在棋经里
西城的冬天是如愿的梦乡
灰暗的天空会抵挡户外的诱惑
亮起一盏灯
沏上一杯茶
在沙发的怀抱里
静静地漫步世外桃源
悄悄地驰骋无烟战场

倘若你想寻觅文字的知己
或是渴望棋盘的对手
懒散的冬日兴许探出云层
为你欣然导航
城中有各种读书会
你可以高谈阔论
随意侧耳倾听
城中也有大小棋事
你可能险胜某位大师
更可能溃败于几位神童

"最爱读书的城市"
图书的销量证实了这一传说
"最会玩棋的城市"
大赛的战绩赢得这一头衔
皆起缘于寂寞
或是不甘寂寞的冬天

住入淅淅沥沥的旋律

西雅图的春夏播种音乐
站立街头巷尾的老琴
装扮成巧遇的魔音盒
引诱小手们来段即兴演奏
音乐会与鲜花一同盛开公园
缤纷的乐曲挑逗小脚们踢踏欢舞

西雅图的秋冬收获音乐
巴赫肖邦柴科夫斯基
各位大师复活乐都
尽揽天下才子
金色的赛池里小荷露角
艺术的旋风缕缕不绝

贝纳罗亚大厅名师荟萃
璀璨的音符飞出殿堂
激动慕名而来的云彩
禁不住泪眼朦胧
情意绵绵缀满天空
雨点含着音符纷纷飘落

倘若你来此栖居
便住入了这淅淅沥沥的旋律

咖啡艺术

倘若你听见一只鸟
唱得特别甜
倘若你闻到一朵花
开得特别香
倘若你看见一颗心
笑得特别暖
那是因为它们喝了咖啡

不信
你去买杯拿铁瞧瞧
咖啡热吻牛奶之后
如何变成了画家

半城柔情

谁说壁画是城市的灵魂
有那么严肃吗
西城的壁画就很温柔随意
仿佛溜达街头巷尾的邻居

比如很平常的一条大街
九个字母自带彩图
雅俗共赏,相互依偎
拼出了芳名 Greenwood

骑士络绎的伯克自行车道
立着户外活动集锦风光
骑车滑冰,散步遛狗
市民们尽可找到自己的身影

几位印第安前辈的沧桑肖像
立在一所中学的草坪尽头
守护着后辈的青春活力
历史变得近在咫尺的亲切

从前高居艺术殿堂的燕子
就这样飞入寻常百姓家
啄出一幅幅和蔼可亲的壁画
阳刚的城市舒展出半城柔情

玻璃博物馆

玻璃和光的爱情大戏
在馆内外上演

光的抚摸下
春心荡漾盛开出鲜艳
姹紫嫣红地娇媚

光的热吻中
意乱情迷变成了水母
风姿绰约地漂浮

甚至还在光的怀抱里
神魂颠倒长出了森林
婀娜多姿地摇曳枝条

这部玄幻片
是导演奇胡利的缤纷梦想
从火苗的激情里诞生

艺术家奇胡利

他是个海盗
从艺海盗得朵朵浪花的灵感
以致于缪斯妒嫉
蒙上他的一只眼

他种出的花儿五彩斑斓
开在世界各城的街头
他栽成的树仪态万千
立于众园林的绿茵

他其实是位满头卷发的魔术师
善叫玻璃与火苗热舞
然后吹口气
将舞姿冷却成奇异瑰宝

VII

日月星辰组曲

宇宙巨树

不停地绽放星云之花
结出一粒粒闪耀的果实
悬挂夜空

天河

天体运行的涟漪
荡漾千万光年
波及我心中的潮汐

黑洞之瞳

冥冥之中
从亘古至如今
一直在窥视我们

太阳

是谁
举着这火炬
叫宇宙永不落幕

地球

水为刀
雕刻出
一颗蓝色的星

火星

谁的窑
烧出了
一个红色的球

木星

谁的手以风暴为墨
泼洒出一轮
旋转的斑斓

土星

套上一轮救生圈
不至于沉溺
苍穹浩瀚之海

水星

与太阳那般亲密
宁愿蒸腾而去
惟恐夜晚的寂寞

金星

戴上东方华发
升炼慈祥的老神仙
披上西方金发
化身绝美的维纳斯

你的本色更令我着迷
照耀缪斯的启明星

极光

太阳的粒子吹过
黑夜在内心翻滚碰撞
却喷涌出光焰
祥和的曼妙

命运的黑子吹过
苦难在身上煎熬跌撞
却绽放出生命
柔韧的美丽

星婴

据说无时不刻诞生
在星云托儿所
有猎人守护

星兽

在银河的惊涛骇浪中
疯狂咆哮
自焚身亡
狭小得多的人类心胸
又如何经得起怒火的燃烧

韦伯望远镜

1

人类对太空
看得更清楚了
内心却愈加迷茫

2

眺望到辉煌的天外之天
人类无比惊叹
上帝在微笑
井底之蛙
有了小小玩具

宇宙列车

古今中外
皆在此站下车
渴慕朝朝闻道之先贤
享受夜夜奢华之帝王
以及芸芸众生的你我

只此星球
万里江山起伏雄伟
遍地花木缤纷婀娜
眉眼沉醉其间
心目却在寻找

长笛忽鸣
即将启程远方
上车吧,渴求永恒的灵魂
那夜空闪耀的点点星光
正是通往天堂的节节驿站

VIII

短歌余韵

光

自上而来
栖居在她的灵魂
笔端飞出一只只萤火虫

尘土

一生的名利皆归于尘土
灵魂方能
轻轻地飘升

诗人

烹调文字
请君调味
以人生之酸甜苦辣

彩虹

含蕴上帝之约
小小雨滴们
游在太阳笑意的波纹里

战争

没有赢家
百姓们流无辜的血
权力者玩自焚的火

魔诗

跃入你的眼帘
在秋波里荡漾
惊起一行白鹭远去

魔网

是谁从云端撒下
使万民
俯首成瘾

魔镜魔镜

照出至美的瞬间
曝光阴暗的丑
岂止在童话世界

深雪

静静地躺着
一面覆盖门外冰冷的黑夜
一面辉映屋内温暖的灯光

细雪

片片飘舞
小小的心愿
坠落一地却成泪水

大地

试图拽住夏的绿裳
它却轻轻抖下
一件浸满阳光的秋衫

天空

希冀挽留鸟儿的夏鸣
它却高飞远走
一路洒下归乡的秋曲

田野

多想定格向日葵的夏颜
它却嫣然飘落
调配秋泥的色彩

女人的眼

极力抓住夏花灿烂的余光
却扯出细碎的鱼尾
孰不知放手后秋韵的优雅

手机

容纳天地之宽
飞越东西之遥
却放不进咫尺间爱的眼神

口罩
一面是盾
一面是吻
牵挂在阴阳之间

棉签

搅动了平静的呼吸
方才感到一些重要的存在
比如不可缺却已为常的
生命之道

泰戈尔的鸟儿

飞过眼前
我恳请它停留
在我的诗行里筑巢

AI 断想

1

人们惊叹它的智慧
归功于某个智囊团队
那么更加奇妙的人脑
又是谁的创造

2

怎能不警惕它的背叛
当它出自上帝的
逆子之手

穿越

1

静坐文君的小馆
皑雪皎月
粗茶淡饭亦香甜

2

轻嗅清照的黄花
芳草别离
相聚月下更甜蜜

3

细读薛涛的香笺
风雨凋零
但得笔墨千古情

邓丽诗集《飞翔的乐章》推荐语

刘荒田

"那托举着自由的双翼
全然摆脱地的束缚"

摘自《鹰之史话》的警策之句,可用来概括诗人邓丽的风格。她已获得完全而酣畅淋漓的写作自由,进入心到手到的美妙境界。如果进一步问:托举自由的"双翼"是什么?我以为,一是悟性,一是激情。来自先天禀赋与后天磨炼的悟性,教诗人对万物具敏锐的感知,随时随地发现诗材,由表及里地挖掘诗意;而诗心无时不被丰盈的激情所震荡,使咏叹变为春天的花园,处处是饱满欲裂的意象,张力弥满的绽放,雅致隽永的芬芳,读来心神俱旺。

刘荒田,美籍华裔著名作家,创作生涯始于新诗,出版诗集《北美洲的天空》、《异国的粽子》、《旧金山抒情》、《唐人街的地理》共 4 本以及散文集两本,曾先后在大陆、台湾获得 4 次诗歌奖。

做读写天空的诗人

郑南川

作家邓丽要出她的诗集《飞翔的乐章》，请我写几句话，我立刻就答应了。她是一位让我"好奇"的写诗人，喜欢她的诗歌。

我和她是在微信里认识的文友，既没见过面，也没有很多的私人交往。一年多前，她作为《诗人地理周刊》（海外地理版）主编和我约过诗稿，这件事引起了我的注意。我那段时间正好参加了关于"地理文学"方面的一个学术活动，联想"诗人地理"这个文学概念，总觉得是一个有些不同的诗文学领域。于是对这样一个诗人的创作就产生了某些好奇，有意识地阅读了她的一些诗歌。虽然读到的诗歌不是很多，立刻感觉到，邓丽女士的诗歌有自己的风格和特点。

现实生活中写诗的人很多，我爱写点生活闲诗，自然也读的很多。即使那些读完后很喜欢的诗，仰头一想好像诗的"形象"和"样子"都差别不大，说不出他们个人突出的特点，不知是缺了一些知识功底，还是少了一些内容的"厚度"。邓丽的诗似乎不同，感觉她的诗歌语言严谨、细腻、知识性强、有浓厚的文学味道、意象也很厚重，像是"学院派"的诗家。这种感觉让我"好奇"。后来才知道，邓丽女士果真实力雄厚，本科毕业于复旦大学，硕士完成于日本神户大学，跨洋过海生活在美国西雅图。最近又知道她还是写散文和随笔的行家，有着深厚的写作基础。

邓丽的诗，字里行间深藏着文化与知识的深度和内涵。草草读去也罢，如果细心赏过就会发现，文字里有你值得深究学习的东西，甚至有你感到困惑需要弄明白的知识。以诗集为例，《东方琴瑟》章节中，有一首《魔方》的诗，她用深刻的"魔方"意象象征出了对自己文化璀璨神奇的惊叹，在整个句子段落中，提到了文化诗人的"醉吟"警句，想到了"得彪西的月光曲"，还有"杨万里湖畔"的诗景，看到了"莫奈的一池睡莲"的意境，另有黄鹤楼、沈园、宫殿和最后的结语落在仓颉字魂中，等等。这首不过二十行的短诗，具有如此丰富的文化内蕴叙事，这样的诗在诗集中还有很多，可见邓丽诗歌具有很强的知识与文化"参与"的特征。

邓丽的诗，字里行间跨越和洋溢着"地理文学"的自然风情。丰富的生活阅历，起步中国，闯日本，到北美，与其他诗人不同，她的诗歌总是与自然、大地、蓝天相连接着。她的诗歌集中，专门有一章《旅之行吟》，表面读来，就像旅行之诗，要么清迈，要么东京；要么寺庙，要么园林，要么鸟儿，要么夜市，但从她深厚的知识背景下看，这些诗都被"文学地理"所笼罩，从文学理论上解释，这近乎是一种"地理文学诗歌"的表现。何许邓丽诗人并没有意识到自己诗歌这种文学的不同性，用她的话说，更注意到"捕捉自然界和生活中的美好"。读罢她的所有诗句，我觉得她就像在创立自己的"地理文学诗歌"的方土，地理文学在她的诗歌中正长成自己，成为自己的独特风格。希望我对她诗歌的阅读印象，能让她"感动"和兴奋，为自己的努力方向打开宽敞的门。

邓丽的诗是读写天空的乐曲。如果要总体地概述她诗歌的特点，我想说天空就是她的诗想；天空上鸟儿就是她诗句的逗号、问号和句号，是她诗歌的生命的哲学。她曾这样解释："三年前被疫情围困居家上班，下了班就到附近公园放风，放慢的脚步让眼睛和耳朵灵敏起来，注意到种种鸟儿，于是变成了一名胸前挂着望远镜的鸟迷。鸟儿们给了我诗眼去捕捉自然界和生活中的美好，本来就喜欢写作的我顿生对诗歌的热爱，灵感源源不断。"这一段话足以说明了她诗歌的初衷和缘由。打开她的诗歌集，鸟儿是句子的"长相"，不仅仅是飞的，鸟是有种族的，有不同的名字和性格，有自己的地域和"文化"，甚至还有自己的诗歌和希望。我读邓丽的诗，似乎需要一个字典，读懂这些鸟都是什么，要做什么？猜想写这么多鸟的故事是邓丽诗人的什么初衷？想来想去，我归结为一句话：鸟是飞翔的，天空是自由的，我们坐在土地上仰望，就是梦想和诗。邓丽的诗情是不是好浪漫，她的人生哲学是多么美好。

祝贺文友邓丽诗集《飞翔的乐章》出版。
祝福她就做一位独特的、读写天空的诗人。

郑南川,加拿大作家、诗人、画家。主编加拿大华人作家作品集6部;出版个人英中文诗集6部;其他各类文学作品及文论集7部。

读邓丽诗集《飞翔的乐章》有感
心漫 (Cathy Xinman)

我的心完全被这交响诗的宏大叙事所打动，久久地沉浸在诗的意境中。我和诗和乐已融合在了一个雄伟宏大的叙事中，当我作为读者读完交响曲的这一乐章。

邓丽的《飞翔的乐章》共八章。诗集的巧妙布局为诗增添了独特的色彩。诗本身自然是美不胜收。诗人别出心裁地用八种能扣动读者心弦的乐曲，来伴奏蜿蜒的人生经历。这八种音乐分别是交响乐、进行曲、柔板、琴瑟、行吟、小夜曲、组曲和短歌。这种情感音乐的排列，最有效地渲染诗人在每一诗章中所表现的情感。

在人类还没有文字前，早就有了传递信息的声音和各种大自然美妙的声音，其作为语言的意象、精妙的合成早就有了节奏和韵律。诗歌的开端远远早于文字。随着原始的打击器发出的和声，人类就有了相应优美的人体动作。古人们用带节奏的诗歌，伴随着打击器发出的乐音和人体的舞蹈，享受着最高形式的狂欢。

此后，随着诗乐舞独自发展出自己的艺术门类，诗歌音乐舞蹈也随之有了自己的表现形式。然而，诗乐舞互为依存的质地，作为诗歌的最高形式的美感仍然没有变化。而一首长诗中拥有这样的三个美感元素的"诗"却所见不多。今天读到邓丽诗集《飞翔的乐章》，猛然感到阵阵古风徐徐吹来史诗的痕迹，令人欢愉不暇。

最为精彩的是，诗人将音乐融入了她想表现的故事之中。邓丽非常聪明，诗中她要来表现的故事情感跟各种鸟类的性格非常相似。她一开始就想到了音乐。譬如在第一乐章，导入了雄鹰、鸳鸯、七彩雉、欧椋鸟、白鹭、戴胜鸟。并将其中的鸟汇成一首诗的交响曲，跟音乐的结合很奇妙。奏响了人生从故地到远方，来到陌生地迁徙的悲壮和勇敢。时空把握有条有理，事件排列有起有伏。用鸟来象征情绪和感情，鸟的个性和动态使整首诗充满了活力和生命，就像贝多芬的命运交响曲。来到新的国度，经历孤独，书写疫情，"积雨平添，一泻千里。"波澜壮阔，勇往向前。用鹰的意象作为象征，有爱情有痛苦，表达经受的考验、和迎接新的挑战。它是抽象的叙事诗，从情感角度以抒情的方式讲故事，并以交响曲呈现，是气势磅礴是独特的。

我想我以这篇小小的分析来推荐邓丽的诗集，已经足以打动我们的读者了。谢谢大家。

心漫，旅居北美，双语诗人，被誉为华语诗坛中具有诺贝尔奖潜在实力的诗人，也是诗作被媒体采用最广的华语诗人之一。新中文诗集《花吻太阳》、英文诗集《你爱自己的地方》(Where You

Love Yourself)已在德国、瑞士、美国等大型实体书店和全球网上。

www.ingramcontent.com/pod-product-compliance
Lightning Source LLC
LaVergne TN
LVHW010317070526
838199LV00065B/5590